TDAH EN ADULTOS

Guía para comprender y tratar el TDAH en adultos

Amanda Allan

CONTENTS

INTRODUCCIÓN

En un mundo construido para, por y en torno a adultos neurotípicos, las personas con trastornos del neurodesarrollo suelen tener dificultades para desenvolverse. Los marginados tienen siempre la responsabilidad de entender y encajar en un mundo que tiene poco sentido para ellos.

La comunidad científica y psiquiátrica aún no comprende muchos de los entresijos de la salud mental. Por ejemplo, el TDAH no se reconoció como trastorno mental hasta la década de 1960. La investigación sobre este trastorno ha avanzado mucho, pero aún quedan muchos obstáculos por superar.

En Estados Unidos, el 4,4% de los adultos han sido diagnosticados de TDAH. Los padres de un niño con TDAH soportan cinco veces más gastos criando a su hijo que los padres que no lo tienen. En la actualidad, cerca del 35% de los adolescentes con TDAH abandonan los estudios porque tienen dificultades para afrontarlo. Asimismo, alrededor del 51% de las adolescentes con TDAH se han autolesionado. Una de cada cuatro mujeres con TDAH ha intentado suicidarse. El 27% de todos los adolescentes de Estados Unidos que padecen un trastorno por abuso de sustancias tienen TDAH. El 41,3% de los casos de TDAH en adultos son graves y, sorprendentemente, se ha demostrado que los casos graves de TDAH reducen la esperanza de vida en 25 años. Para millones de personas, comprender su TDAH es la diferencia entre una vida plena y feliz o una vida infeliz, atrapada en los márgenes de la sociedad.

Este libro pretende ayudar al 4,4% de los adultos de EE.UU. que padecen TDAH. Le proporcionará información sobre los síntomas del TDAH; cómo se le diagnosticará cuando visite a un profesional médico; qué tan bien puede manejarse el TDAH del adulto; y las estrategias de autoayuda y alternativas que tiene a su disposición para manejar el TDAH.

Éste no es sólo el primer paso para comprender tu TDAH. Es también tu primer paso para recuperar tu vida, tu felicidad, tus relaciones y tu éxito. Este libro pretende asegurarte que estás en el buen camino, a la vez que te proporciona investigación científica sobre el TDAH para ayudarte a comprender mejor los hechos sobre este trastorno.

CAPÍTULO UNO: ¿QUÉ ES EL TDAH DEL ADULTO?

El TDAH (Trastorno por Déficit de Atención e Hiperactividad) es un trastorno del neurodesarrollo muy frecuente. El TDAH, que se desarrolla en el cerebro pero se manifiesta en el comportamiento de la persona, provoca falta de atención y/o hiperactividad-impulsividad que interfieren en el funcionamiento o el desarrollo.

Si padeces TDAH, te resultará tremendamente difícil centrar tu atención incluso durante periodos breves. Aunque eres capaz de comprender todo lo que ocurre a tu alrededor, tu mente divaga continuamente, fuera de tu control. Le resulta imposible ser persistente a la hora de organizar sus pensamientos. El trastorno también se caracteriza por una hiperactividad incontrolable, en la que estás constantemente moviéndote, hablando, inquieto o dando golpecitos. Con el TDAH, su cuerpo prefiere cualquier tipo de movimiento a quedarse quieto. Al ser incontrolable, se manifiesta incluso en momentos inadecuados. Estos movimientos incontrolables también suelen provocar inquietud y, por tanto, fatiga física.

Además, el TDAH se caracteriza por la impulsividad. La impulsividad, como su nombre indica, hace que se tomen decisiones y acciones precipitadas sin pensarlas antes. Esto suele ser perjudicial. El trastorno suele provocar un deseo de gratificación instantánea que puede ser peligroso para usted. Por ejemplo, la impulsividad podría llevar a una persona con TDAH a decir que sí a llevar el equipaje de mano de otra persona por el aeropuerto, sin pararse a pensar por qué otra persona podría pedirle que llevara a cabo una tarea tan extraña.

Los síntomas del TDAH comienzan en la primera infancia y continúan a medida que el niño crece hasta la edad adulta. Desgraciadamente, sigue siendo habitual que no se diagnostique el TDAH hasta la edad adulta. El TDAH del adulto no es muy diferente del TDAH infantil. El tratamiento es similar (ver Capítulo Cuatro), al igual que los síntomas. Asimismo, el TDAH es más difícil de reconocer en los adultos que en los niños porque los síntomas se hacen menos manifiestos. Esto suele manifestarse como una disminución de la hiperactividad, pero problemas permanentes para prestar atención, impulsividad e inquietud. La gravedad de estos síntomas depende de cada persona, y algunos adultos ya no tienen problemas con uno o más de los síntomas. Dado que algunos adultos lo superan, existe una dificultad significativa para reconocer y diagnosticar el trastorno en los adultos, a diferencia de lo que ocurre en los niños.

Los adultos con TDAH también pueden tener dificultades para priorizar su tiempo y sus responsabilidades. Esto puede hacer que se olviden de importantes planes sociales y reuniones de negocios, o incluso que se los pierdan por completo. Un adulto con TDAH puede enfrentarse a considerables dificultades en el trabajo para cumplir los plazos debido a esta incapacidad para concentrarse y establecer prioridades. Si padece TDAH en la edad adulta, puede sentir impulsos incontrolables que le lleven a tomar decisiones precipitadas por impaciencia y a sufrir arrebatos de ira, frustración y cambios de humor. Como desventaja, esto suele afectar a tus relaciones personales y profesionales de forma bastante perjudicial, sobre todo si no estás diagnosticado o las personas que te rodean se niegan a tomarse en serio tu diagnóstico.

Los adultos que no son diagnosticados tienen grandes dificultades para realizar las tareas cotidianas. Es posible que no comprendan qué les ocurre o, incluso, que existe un trastorno cerebral que causa sus dificultades. El TDAH suele provocar problemas de salud mental, especialmente en pacientes con síntomas graves. Esto es especialmente cierto en el caso de los adultos que no han sido diagnosticados. Pueden tener la sensación de que algo va mal con ellos porque, a pesar de sus esfuerzos, tienen importantes problemas para parecer "normales" ante los demás. La culpa y la vergüenza asociadas también pueden provocar importantes problemas de salud mental.

El TDAH en adultos sigue siendo un trastorno del neurodesarrollo ampliamente estudiado. La investigación contemporánea sigue descubriendo nuevos vínculos entre el trastorno por déficit de atención con hiperactividad y el trauma, la raza, la desregulación emocional y la disforia sensible al rechazo. Los descubrimientos científicos también están propiciando tratamientos nuevos e innovadores para el trastorno, que van desde la medicación hasta los videojuegos.

Causas del TDAH

Existen algunas causas y factores de riesgo aceptados para el TDAH. Los científicos siguen estudiando estas causas para comprender mejor el trastorno. Al comprender los factores de riesgo y las causas, los científicos pueden desarrollar mejores tratamientos y estrategias de control del trastorno. Este estudio de investigación también permitirá a los científicos comprender cómo reducir las probabilidades de que una persona padezca TDAH en la edad adulta.

En la actualidad, se desconocen las causas exactas y los factores de riesgo del TDAH. Sin embargo, las investigaciones actuales han presentado un claro vínculo entre la genética y el desarrollo del TDAH. El Instituto Nacional de Investigación del Genoma Humano ha estado explorando los factores genéticos que contribuyen al TDAH. Según el instituto, el TDAH parece ser hereditario, y los estudios de investigación sugieren que existe un componente genético en el trastorno.

Esta hipótesis se demostró correcta en 2019, cuando los científicos descubrieron el primer loci de riesgo significativo a escala genómica para el trastorno por déficit de atención con hiperactividad. Se trataba de uno de los mayores estudios sobre el TDAH realizados a escala del genoma, con más de 55.000 participantes de todo el mundo. El estudio pudo reducir cientos de miles de genes humanos a unos pocos genes que pueden causar el TDAH, entre ellos el DUSP6 y el SEMA6D. El Dr. Anders Børglum, que trabajó en el estudio, declaró:

"Estos nuevos hallazgos genéticos ofrecen ventanas completamente nuevas a la comprensión de la biología que subyace al desarrollo del TDAH. Por ejemplo, algunos de los genes implicados influyen en la forma en que las células cerebrales se comunican entre sí, mientras que otros son importantes para funciones cognitivas como el lenguaje y el aprendizaje. Las variantes de riesgo suelen regular cuánto se expresa un gen, y nuestros resultados muestran que los genes afectados se expresan principalmente en el cerebro."

Esta investigación supuso un gran avance en la comprensión científica del TDAH, ya que por fin pudo determinar con precisión las causas genéticas del trastorno. Los científicos que participaron en el estudio estaban encantados de que la investigación sobre el TDAH pudiera ponerse a la altura de la investigación sobre otros trastornos mentales, como la depresión y la esquizofrenia. Esta nueva investigación es una puerta de entrada para que los científicos puedan predecir las probabilidades de que una pareja tenga un bebé con TDAH.

Aparte de las causas genéticas, existen otras causas que la comunidad médica considera que provocan el TDAH. Éstas son:

- Beber alcohol y fumar durante el embarazo.

- Lesiones cerebrales, por ejemplo, durante la práctica de deportes de contacto como el fútbol.

- Exposición a factores de riesgo ambientales como el plomo o el amianto durante el embarazo o a una edad temprana.

- Bajo peso al nacer.

- Parto prematuro.

Los mitos sobre las causas del TDAH, como el consumo excesivo de azúcar, las vacunas, ver demasiada televisión, los problemas familiares u otras cuestiones sociales, como la pobreza, son sólo mitos. No hay información científica que sugiera que ninguno de estos factores de riesgo sea viable, aunque pueden exacerbar las causas del TDAH. A diferencia de trastornos como la depresión, el TDAH no se desencadena por cambios o trastornos del estado de ánimo debidos a problemas sociales o familiares.

Tipos de TDAH

Según la Asociación Americana de Psiquiatría, existen tres formas diferentes de TDAH: el tipo desatento, el tipo hiperactivo/impulsivo o el tipo combinado. Un psiquiatra suele diagnosticar qué tipo de TDAH tienes basándote en los síntomas que has experimentado en los últimos seis meses.

Resumen del capítulo

- El TDAH se considera un trastorno del neurodesarrollo.

- El TDAH provoca falta de atención y/o hiperactividad-impulsividad que interfieren en el funcionamiento o el desarrollo.

- El TDAH dificulta enormemente la concentración de la atención, incluso durante periodos breves, lo que provoca dificultades y retos en la vida normal.

- La impulsividad del TDAH hace que tomes decisiones y acciones precipitadas sin pensarlas antes.

- Los síntomas del TDAH comienzan en la primera infancia y continúan a medida que el niño crece hasta la edad adulta. A veces, los niños con TDAH superan el trastorno.

- Las causas y los factores de riesgo del TDAH siguen siendo en gran medida desconocidos, pero los científicos han descubierto recientemente unos cuantos genes que parecen causarlo.

CAPÍTULO DOS: LOS SÍNTOMAS DEL TDAH EN ADULTOS

Detectar los síntomas del TDAH en los adultos es más difícil que en los niños, porque es fácil achacarlos a defectos personales.

"Mi incapacidad para concentrarme en el presente hace que los demás piensen que no me importa. Me aburro rápida y fácilmente, por lo que me cuesta escuchar a los demás. Además, me siento muy incómodo en actividades de grupo en las que se requiere interacción social porque prefiero no llamar la atención. Siempre tengo miedo de decir algo equivocado. A veces incluso me olvido de saludar o despedirme, y los demás me acusan de maleducado".

En el ejemplo anterior, es muy fácil confundir a la persona con un simple egocéntrico y maleducado; sin embargo, la dificultad para mantener relaciones es un síntoma común del TDAH en adultos.

Además, es importante tener en cuenta que se pueden diagnosticar otras afecciones psicológicas, como depresión, ansiedad y trastorno bipolar, aunque se padezca TDAH.

Sin embargo, hay otra forma de ver el TDAH. Aunque es habitual que las personas con TDAH sean despreciadas como marginados y decepcionados que no pueden encajar en el mundo de los neurotípicos, tener TDAH tiene otra cara que rara vez se celebra. Los síntomas del TDAH, incluso en el mundo científico y psiquiátrico, suelen expresarse como si no fueran más que problemas. Por ejemplo, si tienes TDAH de presentación desatenta, uno de tus síntomas más comunes se formulará como "incapacidad para mantener la concentración en tareas importantes". Lo que el enunciado de estos síntomas se niega a tener en cuenta es que el TDAH sólo es negativo en nuestro mundo actual, en el que el lugar de trabajo está diseñado para personas neurotípicas. En muchos ámbitos, los síntomas asociados al TDAH pueden ser realmente beneficiosos.

En este sentido, el TDAH difiere de muchos otros trastornos mentales. No existe un mundo en el que quizás los síntomas de depresión o ansiedad constante sean algo bueno. Sin embargo, nuestro mundo neurotípico está construido sobre objetivos a largo plazo, ordenados y burocráticos. Por lo tanto, el TDAH se considera un *trastorno*.

El enfoque concurrente a corto plazo del TDAH le permite ser un gran solucionador de problemas. Su mente zigzaguea de un problema a otro; de un enfoque a otro. Sin embargo, esto permite a tu cerebro desarrollar patrones de pensamiento que pueden resolver problemas rápidamente. De la misma manera que saltas de un enfoque a otro, de una tarea a otra, de una conversación a otra, saltas de una solución a otra. Mientras que algunos problemas requieren un pensamiento a largo plazo y soluciones a largo plazo, otros necesitan un pensamiento a corto plazo. Algunas decisiones necesitan una respuesta inmediata, lo que requiere un cerebro y un sistema nervioso capaces de resolver problemas sobre la marcha.

Las personas con TDAH pueden ser personas muy simpáticas y con sentido del humor. Una vez que te enfrentas a un problema, vuelves a él hasta que lo dominas. Su obsesión por dominar cada nuevo reto le aporta soluciones innovadoras a los problemas. En un mundo neurotípico de reglas y convenciones, la mente del TDAH es un recurso ilimitado de innovaciones que rompen el orden y las convenciones para siempre. Mientras repasa los síntomas que se incluyen a continuación, recuerde que, aunque puede que no se le dé bien hacer un examen de tres horas de duración o que ni siquiera sea capaz de concentrarse en lo que dice la gente durante mucho tiempo, eso no significa que haya algo "malo" en usted. Simplemente significa que eres una persona neurodivergente que vive en un mundo neurotípico.

Piénselo así: usted es un gato que vive en un mundo construido por, para y en torno a los perros. O, para ser más científicos, tu mundo es curvilíneo, pero se espera de ti que encajes en un mundo lineal. En tu mundo, el pasado, el presente y el futuro nunca están separados; no son distintos. Sólo vives en el presente. De hecho, te resulta casi imposible aprender de la experiencia o mirar hacia el futuro para ver las consecuencias ineludibles de tus actos. Esto difiere de un mundo neurotípico en el que todo se divide en un principio, un medio y un final. En un cerebro con TDAH, no hay principio, medio ni final. Todo fluye en un continuo, por lo que eres incapaz de encontrar el principio o incluso de ceñirte a un punto en el tiempo. Lo más probable es que simplemente saltes al medio y trabajes en todas direcciones a la vez.

En la siguiente sección encontrará una lista de los diferentes signos y síntomas del TDAH. Aunque es posible que reconozca muchos de los síntomas en usted mismo, es importante que nunca se autodiagnostique. Si cree que puede tener TDAH, es importante que consulte a un profesional médico para recibir un diagnóstico oficial, sobre todo antes de iniciar un plan de tratamiento.

Síntomas del TDAH de presentación predominantemente inatenta

Es posible que tengas un TDAH de presentación predominantemente desatento si:

- Te distraes con facilidad.

- Le cuesta prestar atención a los detalles. Por ejemplo, puede resultarle imposible prestar atención durante largas reuniones de trabajo.

- Cometes errores por descuido al realizar tareas, por ejemplo, como estudiante en la universidad, puedes obtener constantemente malas notas porque cometes errores por descuido en los exámenes. Esto se debe a que no eres bueno en la ordenación, la capacidad de planificar y hacer partes de una tarea en cualquier forma de orden.

- Evitas (y probablemente te disgustan) las tareas que requieren un esfuerzo mental sostenido. Esto puede convertirse en un obstáculo en la vida. Por ejemplo, puede que le cueste dedicarse a ciertas carreras que requieren un esfuerzo mental sostenido, como la ingeniería o el periodismo. Preparar informes, rellenar formularios e incluso cosas más sencillas, como seguir una receta larga, pueden suponer un reto para usted.

- Tiene problemas para concentrarse en tareas o actividades, y le resulta imposible seguir conversaciones largas. Incluso puede parecer que no escuchas cuando alguien te habla, como si tu mente estuviera en otra parte.

- No sigue las instrucciones, independientemente de quién se las dé. Está demasiado distraído y puede olvidarlo. O puede exigirte una concentración constante, que no puedes mantener por mucho que lo intentes. Como resultado, es probable que no termines las tareas escolares, domésticas o laborales. Incluso es posible que empieces las tareas y te desconcentres rápidamente.

- Tienes problemas para organizar las tareas y el trabajo que tienes que hacer. No tienes capacidad de organización porque tu cerebro no puede procesar conceptos como la linealidad y el tiempo lineal. Tienes poca capacidad para gestionar el tiempo; eres desordenado y desorganizado, incluso durante las tareas más importantes, y se te pasan incluso plazos muy importantes. Del mismo modo, pierdes muy a menudo cosas necesarias para las tareas de tu vida diaria. A menudo pierde cosas como las llaves, los libros, las gafas, el teléfono móvil, los medicamentos, los documentos de identidad, etc.

- Se olvida de hacer o completar las tareas diarias. Sus tareas se acumulan y su vida se frena porque se olvida de hacer recados. Por ejemplo, no acude a citas importantes y se olvida de ir a comprar alimentos aunque no haya comida en casa.

Síntomas del TDAH de presentación predominantemente hiperactiva-impulsiva

Puedes tener un TDAH de presentación predominantemente hiperactivo-impulsivo si:

- No puedes jugar, trabajar ni realizar ninguna actividad tranquilamente. Como su nombre indica, el TDAH hiperactivo-impulsivo te hace hiperactivo, de modo que no puedes permanecer quieto. Del mismo modo, puedes juguetear con las cosas o golpearte las manos o los pies constantemente, retorcerte en tu asiento, golpear el bolígrafo o realizar cualquier otra acción que te permita liberar tu energía hiperactiva.

- No se puede permanecer sentado en un mismo sitio ni siquiera durante periodos cortos. Hay que estar siempre en movimiento.

- Le cuesta esperar su turno. Puede saltarse la cola en una cafetería o sentirse frustrado cuando atienden primero a los que están delante de usted en una cola.

- Corre de un lado a otro o se sube a objetos incluso en los momentos más inapropiados.

- Siempre estás "en movimiento", como si te moviera un motor. Esto incluye hablar constantemente, donde parece que nunca paras y te tomas un respiro.

- Suelta respuestas incluso antes de que la pregunta haya terminado. Por ejemplo, puedes terminar las frases de los demás o interferir en las conversaciones sin dejar hablar a la otra persona.

- Interrumpes a los demás. Te metes en conversaciones en las que no estás implicado, intentas incluirte a la fuerza en las actividades de los demás y utilizas cosas sin su permiso. Muchas veces, te apropias de lo que hacen los demás.

Tipo combinado TDAH

Tener un TDAH de tipo combinado no significa que su TDAH sea más grave en comparación con un TDAH predominantemente hiperactivo o un TDAH predominantemente desatento. Simplemente significa que sus síntomas se distribuyen de manera algo uniforme entre los dos tipos diferentes enumerados anteriormente. Si experimenta una serie de síntomas de las dos listas mencionadas, puede que éste sea su caso.

Otros síntomas comunes del TDAH

- Es posible que tengas una baja tolerancia a las experiencias sensoriales externas, lo que se denomina hiperacusia. La forma en que funciona tu cerebro hace que tengas los sentidos hiperactivos. Por ejemplo, puede que tenga que salir de la habitación al oler el más mínimo olor, o que esté alerta incluso a los sonidos más pequeños y débiles. Del mismo modo, sus pensamientos están siempre a gran volumen, lo que hace que su sistema nervioso se vea desbordado por las experiencias de la vida cotidiana.

- No se puede prescindir de la información sensorial. Una persona neurodivergente puede mirar un objeto, pero no estar concentrada en él, u oír lo que dice una persona sin escucharla realmente.

- Su estado de ánimo y sus niveles de energía pasan de estar aburrido, desconectado o atrapado por una tarea a estar hiperconcentrado, enérgico y casi obsesionado con una tarea. Cuando está desconcentrado, se siente aletargado, muy insatisfecho, irritable y pendenciero. Cuando está supercentrado, se siente interesado, desafiado y feliz de iniciar y mantener proyectos. Cuando está interesado, puede realizar un trabajo de gran calidad en poco tiempo.

- Tu sistema nervioso parece no descansar nunca. Siempre buscas algo interesante y desafiante que hacer. En contra de lo que se suele llamar "déficit de atención", tu atención no es deficitaria (sólo se vuelve deficitaria cuando te aburres). Por lo general, tu atención está siempre "alta". Estás constantemente ocupado con tus pensamientos, que parecen ir a un ritmo de cien millas por minuto. Sueles tener un puñado de pensamientos diferentes en el cerebro a la vez. Como resultado, no puede prestar toda su atención a una sola cosa, a menos que esté hiperconcentrado. (La hiperconcentración se tratará más adelante).

Por qué importan los síntomas

Los síntomas del TDAH son importantes para el diagnóstico médico del trastorno. Reconocer los síntomas del TDAH también es bueno para tu propia salud mental. Valida tu experiencia y te ayuda a sentirte menos aislado de los demás. Cuando sabes cómo se manifiesta tu TDAH, puedes controlarlo mejor.

Cuando tienes TDAH, puedes sentir como si no tuvieras todos los recursos que necesitas para sobrevivir en el mundo. Cosas que parecen triviales para la mayoría de la gente ponen tu mundo patas arriba de un modo que, posteriormente, la gente no entiende. No sólo te sientes alienado por la dificultad a la que te enfrentas al intentar vivir en un mundo neurotípico, sino que también te aíslas aún más del mundo cuando la gente malinterpreta tus acciones, trivializándolas como groseras, despistadas, ignorantes, arrogantes, de alto mantenimiento, exigentes, irritables y extrañas. Puede que hayas intentado "encajar" y hayas fracasado estrepitosamente. Lo que es normal para ti no lo es para los demás, y a menudo te señalan como "diferente".

Afortunadamente, no puedes huir de tus síntomas. Digo, afortunadamente, porque eres perfectamente normal tal y como eres. No necesitas ser neurotípico para ser "normal". Simplemente necesitas entenderte mejor a ti mismo para aprender a desenvolverte lo mejor posible en el mundo actual. Comprenderte a ti mismo también te ayudará a aprender a aprovechar al máximo las ventajas del TDAH y a minimizar los problemas que puede acarrear. Sin un conocimiento completo de los síntomas del TDAH, es posible que empieces a utilizar técnicas inadaptadas para prosperar.

Resumen del capítulo

- Detectar los síntomas del TDAH en adultos es más difícil que hacerlo en niños.

- Si tienes TDAH, te pueden diagnosticar otros trastornos psicológicos.

- Las personas con TDAH pueden ser muy simpáticas y tener un gran sentido del humor.

- Las personas con TDAH suelen encontrar soluciones innovadoras a los problemas.

- Es importante no autodiagnosticarse nunca. Si crees que puedes tener TDAH, pide un diagnóstico a un profesional médico.

CAPÍTULO TRES: CÓMO SE DIAGNOSTICA EL TDAH EN ADULTOS

Diagnosticar el TDAH es muy importante para su felicidad a largo plazo. Cuando no se diagnostica o no se trata, el TDAH en adultos suele ir acompañado de comorbilidades, como ansiedad, TEPT, depresión y trastornos alimentarios.

El TDAH no puede diagnosticarse con una prueba de laboratorio. No existe una prueba única para el TDAH. En su lugar, un profesional cualificado lo diagnosticará recabando información de usted sobre su comportamiento, sus procesos de pensamiento y las dificultades que encuentra en su vida diaria. Una evaluación exhaustiva suele incorporar una revisión de los síntomas pasados y actuales y el uso de escalas de valoración para adultos o listas de comprobación. Rellene una lista de control y sométase a una evaluación médica (que incluya pruebas de visión y audición) para asegurarse primero de que los síntomas no se deben a otros problemas médicos. El médico tendrá que recabar información sobre usted, como sus problemas médicos actuales, sus antecedentes médicos personales y familiares y la historia de sus síntomas, empezando por el inicio de los síntomas en la infancia.

El diagnóstico del TDAH en adultos puede ser complejo porque muchos adultos no diagnosticados han aprendido a ocultar o enmascarar muchos de sus síntomas a lo largo de los años. Algunas afecciones y tratamientos médicos también pueden imitar los signos y síntomas del TDAH. Por ejemplo, el uso y abuso de drogas, como el abuso de alcohol y el uso de fármacos diagnosticados médicamente, pueden causar muchos síntomas similares. Asimismo, los trastornos mentales, como la depresión, los trastornos psiquiátricos y la ansiedad, también pueden imitar los síntomas del TDAH, al igual que otros problemas médicos que afectan al pensamiento y al comportamiento. Si tiene trastornos del sueño y problemas cerebrales, hipoglucemia (bajo nivel de azúcar en sangre) y otros trastornos del desarrollo, es posible confundir también sus síntomas con los del TDAH.

Conocer su historia personal

El profesional médico te hará muchas preguntas sobre tu infancia. El TDAH empieza en la infancia, así que el profesional tendrá que averiguar los síntomas de tu infancia. Necesitará saber cosas como:

- ¿Te metías a menudo en líos en el colegio?

- ¿Fue desorganizado durante su infancia?

- ¿Sacabas malas notas o buenas notas en el colegio?

- ¿Te han llamado cosas como: "vago", "desordenado" o "descuidado"?

- ¿Te sentías incomprendido en la escuela y aislado en la escuela o en casa?

Cuando acuda a su cita para el diagnóstico, puede llevar los boletines de notas y otros registros de su época escolar, si todavía los tiene o puede encontrarlos. Los boletines de notas no sólo contendrán tus calificaciones, sino también comentarios de los profesores sobre tu personalidad, carácter y comportamiento que pueden apuntar a tus síntomas de TDAH. También deberías llevar tu historial médico. Si tus padres o tutores te han llevado a ver a un profesional médico durante tu infancia, estos historiales también pueden apuntar a síntomas de TDAH, incluso si te diagnosticaron mal en su momento.

El profesional que le evalúe también puede pedirle que se ponga en contacto con uno de sus padres, su tutor, su antiguo director, su psiquiatra infantil o cualquier otra persona que pueda compartir información sobre su infancia. Es posible que se sienta angustiado si no puede recordar algunas experiencias de su infancia. Esto es habitual, así que no se preocupe. El profesional no te diagnosticará TDAH a menos que hayas mostrado síntomas del trastorno antes de los doce años. Es difícil recordar acontecimientos que te sucedieron antes de los doce años, por lo que es muy importante la opinión de los adultos que te rodeaban en aquella época. Algunos de los síntomas que presentas pueden haber cambiado a medida que madurabas, pero esto no significa necesariamente que ya no tengas TDAH.

Evaluación de sus síntomas/comportamiento en la actualidad

A los antecedentes de su infancia seguirá una evaluación de sus síntomas actuales, incluidas las dificultades o problemas que haya tenido de adulto a causa de estos síntomas. Su médico probablemente le hará alguna versión de las siguientes preguntas:

- ¿Se siente incomprendido en el trabajo y aislado de sus seres queridos y compañeros?

- ¿Se olvida a menudo de pagar sus facturas o de acudir a citas y reuniones importantes?

- ¿Te cuesta concentrarte o terminar los estudios universitarios o las tareas laborales?

- ¿Tiene dificultades considerables en sus relaciones?

Para diagnosticar el TDAH, un profesional tiene que determinar que los síntomas que experimentas te causan profundas dificultades. Posteriormente, si tienes múltiples síntomas de TDAH, pero no te causan dificultades, no te diagnosticarán TDAH. Por lo tanto, esta fase del diagnóstico es muy importante.

Debe compartirlo todo con el profesional. Sea sincero, incluso si le da vergüenza o cree que no es relevante. Lo más probable es que el profesional le pida que otras personas de su vida rellenen un cuestionario sobre su comportamiento y su carácter. Por muy buenos que seamos en la autorreflexión, todos tenemos puntos ciegos en nuestro carácter. Las personas cercanas a usted verán síntomas y problemas de comportamiento que usted puede haber pasado por alto. Aportan un punto de vista diferente a las experiencias que ayudarán al profesional a pintar un cuadro completo de tus síntomas. Por ejemplo, puedes pensar que dominas el arte de la conversación amistosa, pero un amigo puede creer que actúas muy aburrido cuando los demás te hablan de un tema que no te interesa.

Además, un procedimiento de diagnóstico del TDAH suele incluir una o más escalas de calificación de la conducta. Normalmente, una escala de calificación contiene entre 20 y 90 preguntas que evalúan la frecuencia de las conductas relacionadas con el TDAH. Las preguntas siempre se diseñan basándose en la definición de TDAH del Manual Diagnóstico y Estadístico de los Trastornos Mentales (DSM-5).

Es posible que le pidan que rellene la escala antes de la evaluación o que la complete durante la cita. Estas escalas no le darán un diagnóstico completo por sí solas, ni tampoco pruebas médicas suficientes y objetivas. No importa qué escala de valoración utilice, la escala siempre será subjetiva. Aun así, son muy beneficiosas porque ayudan a esbozar un cuadro más claro de sus síntomas.

Existen cuatro tipos de escalas utilizadas para diagnosticar el TDAH en adultos:

- Escala de autoinforme del TDAH en adultos (ASRS v1.1).

- Escala de diagnóstico clínico del TDAH en adultos (ACDS) v1.2.

- Escala de evaluación de los síntomas del trastorno por déficit de atención de Brown (BADDS) para adultos.

- Escala de valoración del TDAH-IV (ADHD-RS-IV).

A pesar de las diferentes escalas de valoración, todas ellas requerirán que responda a preguntas sobre comportamientos como:

- Sus experiencias con el retorcimiento.

- Tus experiencias con dificultades para concentrarte, organizarte y prestar atención.

- Tus experiencias con el fidgeting.

- Dificultades para seguir instrucciones o tareas.

- Cualquier dificultad que tengas para ser paciente.

- Dificultades para permanecer quieto.

- Cualquier dificultad por no poder esperar su turno.

- Dificultades para interrumpir a los demás.

- Dificultades para recordar citas u obligaciones.

Comprobación de otros trastornos mentales

Algunos profesionales médicos también querrán hacerle pruebas para detectar otros trastornos mentales. Por ejemplo, puede necesitar pruebas cognitivas que identifiquen discapacidades intelectuales o de aprendizaje que le causen dificul-tades en la universidad o el trabajo. Las pruebas de salud mental también detectan trastornos de la personalidad o del estado de ánimo. Algunos de estos trastornos de la personalidad imitan los síntomas del TDAH. Estas pruebas son una prueba de seguridad para asegurarse de que los síntomas no están causados por otros trastornos mentales o de personalidad, lo que hace que el diagnóstico de TDAH sea preciso.

El TDAH no causa otros problemas psicológicos o de desarrollo. Sin embargo, es frecuente que se presenten otros trastornos una vez que se tiene TDAH, lo que complica aún más el tratamiento del trastorno. Estos suelen ser:

Trastornos de ansiedad

Los trastornos de ansiedad son bastante comunes en los adultos con TDAH. Los trastornos de ansiedad se caracterizan por una intensa ansiedad, preocupación y nerviosismo ante una gran cantidad de cosas, como la salud personal, el trabajo, las interacciones sociales y las circunstancias cotidianas de la vida. Cuando se padece TDAH, la ansiedad puede empeorar debido a los retos y dificultades causados por el TDAH.

Trastornos del estado de ánimo

La depresión, el trastorno bipolar u otro trastorno del estado de ánimo son muy comunes entre las personas con TDAH. Los trastornos del estado de ánimo no están directamente causados por padecer TDAH. Sin embargo, pueden empeorar a causa de los síntomas del TDAH, incluidos los fracasos y frustraciones repeti-dos; la incomprensión que los demás tienen hacia tus síntomas; y tu incapacidad para conectar emocionalmente con otras personas.

Otros trastornos psiquiátricos

Los adultos con TDAH tienen más probabilidades de desarrollar otros trastornos psiquiátricos, como trastornos por consumo de sustancias, trastornos de la personalidad y trastorno explosivo intermitente.

Problemas de aprendizaje

Como ya se comentó en un capítulo anterior, los adultos con TDAH suelen obtener malos resultados en las pruebas académicas, con puntuaciones más bajas que alguien de la misma inteligencia, educación y edad. Las dificultades de aprendizaje suelen caracterizarse por problemas de comprensión y comunicación.

Cómo encontrar un profesional que diagnostique el TDAH

Encontrar un profesional de la salud mental o un médico que te diagnostique el TDAH puede ser todo un reto, pero no te angusties. Los siguientes consejos te ayudarán a encontrar un profesional sin complicaciones:

- Concierte una cita con su médico de atención primaria para que le dé algunas recomendaciones.

- Hable con su terapeuta (si lo tiene) sobre recomendaciones profesionales.

- Utiliza Internet para buscar profesionales en tu localidad o región. Intenta encontrar reseñas de estos profesionales o pregunta por ahí para conocer opiniones de boca en boca.

- Investigue quién (y qué servicios) cubrirá su seguro.

- No tema hacer preguntas. Del mismo modo, no tengas miedo de probar con varios profesionales hasta que encuentres a alguien con quien te sientas cómodo.

Resumen del capítulo

- Cuando no se diagnostica o no se trata, el TDAH del adulto suele ir acompañado de comorbilidades, como ansiedad, TEPT, depresión y trastornos alimentarios.

- No existe una prueba única para el TDAH. Es posible que tengas que realizar algunas pruebas para que te diagnostiquen con precisión el TDAH.

- Es posible que tu médico tenga que interrogar a tus familiares y antiguas figuras de autoridad para diagnosticarte TDAH.

CAPÍTULO CUATRO: CÓMO SE TRATA NORMALMENTE EL TDAH EN ADULTOS

Una vez diagnosticado el TDAH, el siguiente paso para controlarlo es buscar tratamiento. El tratamiento te ayudará enormemente. El diagnóstico es a menudo el punto de inflexión para quienes padecen TDAH en la edad adulta. Muchas personas con TDAH de adultos suelen decir que es la primera vez que se sienten "normales" en sus vidas después de años de lidiar con un dolor paralizante, a veces mediante estrategias inadaptadas como el abuso de drogas.

Por lo tanto, una vez que el diagnóstico elimina la vergüenza y la incertidumbre, el siguiente paso hacia la curación es el tratamiento. El tratamiento le ayudará a detener los síntomas perjudiciales, como su incapacidad para centrarse en un proyecto que no le interesa, y a mejorar los síntomas beneficiosos, como su capacidad para hiperconcentrarse en un proyecto que sí le interesa.

Muchas personas diagnosticadas de TDAH en adultos dicen lo mismo: el tratamiento les ayudó a liberarse de toda la tensión, el dolor y la incomprensión de las décadas anteriores. A cambio, pudieron sentirse más felices y satisfechos con lo que son.

El tratamiento del TDAH puede ser farmacológico, terapéutico o una combinación de ambos. El tipo de tratamiento que funcione para ti dependerá de si tienes TDAH leve o grave, del tipo de TDAH que tengas y del tipo de síntomas que presentes. Tanto si te prescriben métodos medicinales como terapéuticos, es importante tener en cuenta que tu tratamiento no es una cura, sino una herramienta dentro de una caja de herramientas especializada para construir una vida compatible con el TDAH. Cada forma de tratamiento es un tipo diferente de herramienta para construir una vida específica para ti.

Sin embargo, lo normal es que su médico o psiquiatra le recete uno o varios de estos tratamientos:

Medicación

Durante un tiempo, Ritalin y Adderall fueron los fármacos más populares asociados al TDAH. Estos fármacos eran tan populares que se extendió la creencia de que estos eran los únicos tratamientos disponibles para el TDAH (conocido como ADD en el pasado). Esto es, por supuesto, falso. La medicación no funciona para todo el mundo. En los casos en que funciona, no se dirige a todos los síntomas del TDAH. Recuerda que la medicación es sólo uno de los muchos tratamientos seguros y eficaces que funcionan como herramientas en tu caja de herramientas; algunas herramientas, aunque eficaces para otros, no funcionarán muy bien con tus propios síntomas. Esto es perfectamente normal.

Para las personas que pueden utilizar con éxito la medicación sobre sus síntomas, ésta ayuda a mejorar la atención y la concentración. Otros síntomas como la falta de memoria, la procrastinación, la mala gestión del tiempo y la desorganización no mejoran con la medicación. Como se trata de síntomas muy pertinentes que afectan a las personas con TDAH, necesitará otras "herramientas" que le ayuden a mejorar estos síntomas. La medicación funciona muy bien cuando se combina con otras opciones de tratamiento. Disfrutarás mucho más de los beneficios de la medicación si la complementas con otros tratamientos que aborden los problemas emocionales y conductuales y tratamientos que te enseñen habilidades de afrontamiento bien adaptadas.

Al igual que ocurre con el resto de medicamentos para otros trastornos y enfermedades, cada persona reacciona de forma diferente. Por un lado, usted puede experimentar poco o ningún alivio, mientras que otra persona con TDAH experimenta una mejoría espectacular. Del mismo modo, los efectos secundarios de la medicación para el TDAH difieren de una persona a otra. Para algunas personas, los efectos secundarios de la medicación superan a los beneficios. Es imposible saber cómo responderá un individuo a la medicación, así que prepárese para pasar un período de "prueba" hasta encontrar la medicación y la dosis adecuadas que funcionen para usted. También es posible que su historial médico limite sus opciones de tratamiento. Su médico le preguntará sobre su historial médico para hacerse una idea de cuáles de los siguientes medicamentos probablemente funcionarán mejor en su caso y cuáles pueden suponer un riesgo para su salud.

Algunos medicamentos que le pueden recetar son:

Estimulantes

Los estimulantes son los fármacos más recetados para el TDAH. Suelen ser los primeros fármacos utilizados para tratar el TDAH. Es probable que tu médico te recete un estimulante del sistema nervioso central (SNC), que actúa aumentando la cantidad de norepinefrina y dopamina en el cerebro. La norepinefrina y la dopamina son hormonas y neurotransmisores. Los neurotransmisores transportan información entre las neuronas del sistema nervioso central. Al aumentar la cantidad de dopamina y norepinefrina, el sistema nervioso central puede transportar más información de la que antes podía. En consecuencia, mejora su concentración y disminuye su fatiga (causada por intentar concentrarse).

Existen muchas versiones genéricas de estimulantes, por lo que no tienes que preocuparte por los costes elevados. Sin embargo, algunos estimulantes sólo están disponibles en versiones de marca más caras.

Los estimulantes suelen conllevar algunos efectos secundarios negativos, como supresión del apetito, pérdida de peso, alteraciones del sueño, dolor abdominal y cefaleas. Otros efectos secundarios pueden ser ansiedad, sequedad de boca, mareos, dispepsia, irritabilidad emocional, fatiga, náuseas, fiebre, vómitos y nerviosismo.

Si se toma una sobredosis de estimulantes, los niveles se vuelven tóxicos, lo que provoca una excitación estimulante que puede provocar un derrame cerebral, un infarto de miocardio, convulsiones o incluso un recalentamiento mortal. También puedes tener efectos secundarios graves, que comprenden adicción a los estimulantes, infección, reacción alérgica grave, taquicardia, episodios psicóticos, rabdomiólisis, cardiomiopatía, erecciones prolongadas, síndrome de Stevens-Johnson y necrólisis epidérmica tóxica.

Entre los estimulantes más recetados se encuentran los siguientes:

Metanfetaminas (Desoxyn)

Las metanfetaminas actúan estimulando el sistema nervioso central. Los científicos aún no saben cómo actúan para mejorar los síntomas del TDAH. Lo que sí se sabe es que aumentan la cantidad de hormonas como la dopamina y la norepinefrina en el cerebro.

Las metanfetaminas se presentan en forma de comprimidos orales que deben tomarse una o dos veces al día.

Metilfenidato

Los metilfenidatos bloquean la recaptación de norepinefrina y dopamina en el cerebro, ayudando a aumentar los niveles de estas hormonas. Como estimulante, se presenta en forma oral de liberación inmediata, prolongada y controlada. También puede adquirirse en forma de parche transdérmico, bajo la marca Daytrana. Los metilfenidatos pueden presentarse como versiones genéricas o como versiones de marca más caras. Algunas de las versiones de marca que puedes conseguir son:

- Aptensio XR (versión genérica disponible)

- Metadate ER (versión genérica disponible)

- Concerta (versión genérica disponible)

- Daytrana

- Ritalin (versión genérica disponible)

- Ritalin LA (versión genérica disponible)

- Metilina (versión genérica disponible)

- QuilliChew

- Quillivant

También pueden recetarte Dexmetilfenidato, otro estimulante que mejora los síntomas del TDAH. El dexmetilfenidato, como su nombre indica, es como el metilfenidato. Está disponible en su versión de marca comercial, Focalin.

Anfetaminas

Existen diferentes anfetaminas, entre ellas:

- Anfetamina: La anfetamina no está disponible como versión genérica. Se presenta en marcas conocidas como Evekeo y Adzenys XR-ODT. Se presenta en forma de comprimido oral, comprimido desintegrable oral de liberación prolongada y líquido oral de liberación prolongada.

- Dextroanfetamina: La dextroanfetamina se presenta en forma de comprimidos orales, cápsulas orales de liberación prolongada y soluciones orales. Es un medicamento genérico sin versión de marca.

- Lisdexanfetamina: La lisdexanfetamina se presenta en forma de cápsulas orales y comprimidos masticables. Sólo se presenta como medicamento de marca, Vyvanse.

Las anfetaminas se presentan en forma de liberación inmediata, que se libera inmediatamente en el organismo, y en forma oral de liberación prolongada, que se libera lentamente en el organismo. Las hay de marca y genéricas. Las marcas comerciales de estos fármacos son:

- Adderall XR

- Dexedrina

- Dyanavel XR

- Evekeo

- ProCentra

- Vyvanse

Los estimulantes pueden ser muy eficaces para mantener organizados los pensamientos y ayudar a prestar atención y mantener la concentración. Por desgracia, muchas personas se vuelven fácilmente adictas al efecto de la droga en el cerebro, lo que les causa graves problemas.

Si quieres evitar los efectos secundarios negativos de los estimulantes, sobre todo la adicción, puedes preguntar a tu psiquiatra por los no estimulantes.

No estimulantes

Los no estimulantes actúan en el cerebro de forma diferente a los estimulantes. Aunque los no estimulantes afectan a los neurotransmisores, no lo hacen aumentando los niveles de dopamina. Actúan más lentamente, por lo que no se ven resultados instantáneos. Más bien, se tarda más tiempo en ver los resultados de estos fármacos.

Si los estimulantes no le resultan eficaces o no son seguros para usted, su médico le recetará no estimulantes. Los diferentes no estimulantes incluyen:

Atomoxetina (Straterra)

A diferencia de los estimulantes, que liberan más norepinefrina en el cerebro, la atomoxetina (Strattera) bloquea la recaptación de norepinefrina en el sistema nervioso. Esto permite que la norepinefrina actúe durante más tiempo.

Se presenta en forma oral y se toma una o dos veces al día; también está disponible como marca genérica.

La atomoxetina ha causado daños hepáticos en algunos usuarios. Esté atento a los signos de problemas hepáticos mientras toma Atomoxetina. De hecho, su médico comprobará su función hepática regularmente mientras esté tomando este medicamento.

Los signos de problemas hepáticos a los que debes estar atento son:

- Abdomen hinchado o sensible.

- Ictericia (coloración amarillenta de la piel o los ojos).

- Fatiga.

Guanfacina ER (Intuniv)

La guanfacina se suele recetar para la hipertensión en adultos, pero a menudo también se receta para el TDAH en adultos. Se ha demostrado que ayuda a algunos adultos con sus problemas de memoria y comportamiento, agresividad e hiperactividad.

Está disponible como versión genérica y como versión de liberación prolongada denominada Guanfacina ER (Intuniv).

Clonidina ER (Kapvay)

La clonidina ER (Kapvay) reduce la impulsividad, la hiperactividad y la distracción en adultos con TDAH. Al igual que la Guanfacina, existen otras formas de clonidina que se utilizan para tratar la hipertensión arterial en adultos. Dado que disminuye la presión arterial, puedes sentirte mareado cuando la tomes. La clonidina ER (Kapvay) está disponible como marca genérica.

Los no estimulantes rara vez provocan agitación, insomnio, fatiga o supresión del apetito. Esto se debe a que tienen un efecto más duradero y "estable" que la mayoría de los estimulantes. Los estimulantes suelen hacer efecto y desaparecer bruscamente. Por consiguiente, los no estimulantes no plantean el mismo riesgo de abuso o adicción. Sin embargo, los no estimulantes tienen efectos secundarios.

La Clonidina (Kapvay) y la Guanfacina (Intuniv) pueden causar a veces dolores de cabeza, somnolencia, fatiga, sedación y mareos. Tenga cuidado al usar Clonidine (Kapvay) y Guanfacine (Intuniv) si conduce o usa maquinaria pesada porque causan somnolencia. La Atomoxetina puede causar pérdida de apetito, pérdida de peso, fatiga, náuseas, cambios de humor y malestar estomacal. Aunque es poco frecuente, la atomoxetina también puede causar ictericia y problemas hepáticos, pensamientos suicidas, erecciones de larga duración y reacciones alérgicas graves. En raras ocasiones puede causar hipotensión arterial y alteraciones del ritmo cardíaco.

Usted y su médico deben vigilar los efectos secundarios de todos los medicamentos que tome para el TDAH. Si la medicación para el TDAH no se controla cuidadosamente, pierde mucha eficacia y puede incluso llegar a ser arriesgada y mortal.

El tratamiento del TDAH no tiene por qué consistir únicamente en fármacos. Cualquier medida que tomes para controlar o reducir los síntomas es una forma de tratamiento. Por supuesto, siempre necesitarás ayuda profesional en el camino, por ejemplo, necesitarás ayuda psiquiátrica profesional si eliges terapia. Sin embargo, aún tienes mucho margen para elegir qué tipo de tratamientos quieres probar. Recuerda que quieres construir una vida compatible con el TDAH y que la medicación es sólo una parte de esta nueva vida. Los Capítulos Cinco y Seis te enseñarán las diferentes maneras en que puedes tratar tu TDAH además de usar medicación.

Resumen del capítulo

- Una vez diagnosticado el TDAH, el siguiente paso para controlarlo es buscar tratamiento médico.

- El tratamiento le ayudará a detener los síntomas perjudiciales del TDAH.

- Cada forma de tratamiento para el TDAH es un tipo diferente de herramienta para construir una vida adaptada al TDAH específica para ti.

- Los estimulantes son los fármacos más recetados para el TDAH.

- Prepárate para pasar un periodo de "prueba" hasta encontrar la medicación para el TDAH que funcione para ti.

- Los no estimulantes actúan en el cerebro de forma diferente a los estimulantes.

CAPÍTULO 5: ¿QUÉ TAN BIEN PUEDE MANEJARSE EL TDAH EN ADULTOS?

El TDAH en adultos puede hacerle la vida muy difícil si no se trata. De hecho, el TDAH se ha relacionado con:

- Desempleo (o ser inempleable).

- Bajo rendimiento escolar (universitario) o laboral.

- Alcohol y abuso de sustancias.

- Mala imagen de sí mismo.

- Intentos de suicidio.

- Relaciones inestables e insatisfactorias.

- Problemas financieros.

- Problemas con la ley.

- Accidentes de tráfico frecuentes u otros accidentes.

- Mala salud física y mental.

Como puedes ver en la lista anterior, el TDAH puede llevarte a lugares muy oscuros y desagradables en la vida, si no se controla. Por ejemplo, lidiar con una mala imagen de uno mismo puede conducir a otros trastornos mentales y del estado de ánimo más graves, como la depresión y una autoestima extremadamente baja.

Cuando tienes TDAH, aún puedes autorregularte cuando las conductas, los pensamientos y las emociones negativas amenazan con abrumarte a ti y a los que te rodean. Con la autorregulación, puede mantener a raya los comportamientos más autodestructivos. Algunas buenas maneras de autorregularse incluyen

Para Focus

- Toma notas fácilmente accesibles durante las reuniones y conferencias. Por ejemplo, puedes tomar notas manuscritas o grabar todas tus anotaciones. Después, puedes completar los detalles antes de que se te olviden.

- Haz pausas breves para no aburrirte. Es más fácil concentrarse en las tareas durante más tiempo cuando no se está aburrido. Puedes hacer algunos estiramientos, preparar una buena comida sana o hacer algo de ejercicio para potenciar la salud de tu cerebro.

- Divida las tareas grandes en otras más pequeñas y manejables que le lleven menos tiempo. Recompénsese después de completar cada tarea. Por ejemplo, un pequeño caramelo después de cada tarea.

Para distracciones

- Trabaje en zonas donde haya menos distracciones. Si estás en el trabajo o en la biblioteca, solicita una zona de trabajo o estudio privada, donde haya pocas distracciones o ruido.

- Dedica un tiempo del día a devolver las llamadas y los correos electrónicos. Deje que las llamadas vayan al buzón de voz hasta la hora fijada. Así no te distraerás contestando o devolviendo llamadas a lo largo del día.

- Utiliza auriculares para ahogar el ruido de la oficina. Puedes poner música suave para mantener la concentración.

Para la Organización

- Automatiza todos tus pagos de facturas online. De esta forma, no te olvidarás de pagarlas.

- Lleva un cuaderno y escribe en él tus tareas pendientes. Si tienes un smartphone, lleva una lista de tareas en él. Actualiza siempre la lista de tareas inmediatamente después de terminarlas.

- Ponga las citas en su teléfono y configure recordatorios de alarma antes del evento. Si tiene una agenda de papel, marque las fechas límite en los calendarios como herramienta visible de recordatorio. También puedes utilizar agendas diarias u organizadores de tareas en línea que te ayudarán a llevar un registro de tareas y eventos.

- Termine las tareas importantes antes de pasar a la siguiente. Tómate descansos regulares mientras realizas tareas importantes para mantener la concentración.

- Empieza el día con una práctica de atención plena y un estiramiento rápido para despejar y refrescar la mente. Después, dedica 20 minutos a organizar tus tareas del día.

- Para evitar perder objetos importantes, designe zonas específicas para colocar determinados objetos importantes, como llaves y carteras. Mantenga la rutina de colocar estos objetos en los lugares designados para no perder nada. Tratar de encontrar cosas que se han extraviado puede desorientarle aún más al intentar mantener una rutina establecida.

- Tenga blocs de notas adhesivas en casa y en su lugar de trabajo para apuntar notas importantes. Colócalas en lugares visibles, como la puerta de la nevera.

- Si utilizas un sistema de archivo en el trabajo o en casa, etiquétalo todo y codifica por colores las carpetas o pestañas.

Ejercicio

Hacer ejercicio con regularidad es una forma estupenda de controlar los síntomas del TDAH. Hacer ejercicio libera de forma natural dopamina y norepinefrina, los dos neurotransmisores que los medicamentos estimulantes ayudan a producir en los pacientes adultos con TDAH.

El ejercicio regular mejora el estado de ánimo, la memoria, la concentración, la atención y la motivación. Además de los niveles de dopamina y norepinefrina, el ejercicio aumenta los de serotonina. El aumento de los tres neurotransmisores mejora la concentración y la atención. El ejercicio regular tiene efectos similares a los de la medicación, pero sin sus efectos secundarios. Por ejemplo, la investigación ha demostrado que el ejercicio regular es tan eficaz como la medicación para aliviar la depresión leve. Del mismo modo, al quemar energía extra mediante el ejercicio regular, puede disminuir sus niveles de impulsividad.

Una combinación de ejercicio regular y medicación te ayudará a reducir significativamente los síntomas negativos del TDAH, así que intenta hacer ejercicio al menos 4-5 veces a la semana. No es necesario ir al gimnasio para hacer ejercicio. Un simple paseo de 30 minutos proporcionará a tu cuerpo y a tu sistema nervioso central importantes beneficios. Si puedes hacer ejercicios más acelerados, como una carrera rápida o burpees, esto también te ayudará. Sin embargo, elija siempre un ejercicio que le guste para que el ejercicio no se convierta en una tarea para usted.

Por último, quizá le apetezca incorporar algo de terapia hortícola a su ejercicio. La terapia hortícola es el uso de plantas o actividades basadas en plantas para sentirse bien. En este caso, significa dar un paseo por el parque o el bosque o hacer algo de yoga al aire libre. Hablaremos más a fondo de la terapia hortícola en el capítulo seis.

Para dormir

Dormir es tan importante como la comida, el agua y el aire para los seres humanos. Todos nos beneficiamos de él. Cuando se padece TDAH, un sueño de mala calidad suele empeorar los síntomas. Usted quiere descansar bien todas las noches. Mejorar la calidad y cantidad del sueño probablemente mejorará tu atención, concentración y estado de ánimo.

Para dormir mejor, practique yoga y meditación una hora antes de acostarse todos los días (en el Capítulo 6 encontrará información sobre la meditación y el yoga como estrategia de autoayuda). Esto también le ayudará a mantener una hora fija para acostarse todos los días. Al crear esta rutina, tendrá sueño de forma natural a la misma hora todas las noches. Duerma siempre en una habitación completamente oscura y evite la cafeína durante la tarde y la noche.

Uno de los efectos secundarios de la medicación puede ser la dificultad para conciliar el sueño o permanecer dormido. Si pruebas los métodos anteriores y sigues teniendo dificultades, habla con tu médico sobre lo que te preocupa.

Comer sano

La alimentación impulsa nuestro cuerpo hasta las células. Si comes sano, fomentas la formación de células y tejidos sanos, lo que a su vez mantiene sano todo tu cuerpo. Cuando comes sano, también promueves funciones corporales sanas.

Para las personas con TDAH, se ha demostrado que ciertos alimentos disminuyen los síntomas negativos del TDAH. Comer muchas proteínas es bueno para los adultos con TDAH porque las proteínas están llenas de aminoácidos que ayudan a crear neurotransmisores. Come mucha carne de ave, lácteos, huevos, pescado, judías y frutos secos. Asegúrate también de añadir mucho zinc, magnesio y hierro a tu dieta. Estas vitaminas y minerales están presentes en las carnes magras, las aves, el marisco, la soja, los frutos secos y los cereales enriquecidos. Del mismo modo, necesitas abundantes ácidos grasos omega-3 y vitaminas del grupo B en tu dieta. Mejoran el estado de alerta y reducen los síntomas del TDAH. Esto significa que necesitarás muchos aguacates, salmón, aceite de oliva, calabaza de invierno, semillas de lino y verduras de hoja verde en tu dieta. También necesitarás muchos huevos, leche, hígado (y otras vísceras), yogures y legumbres. El ginseng y el ginkgo se conocen como "activadores cognitivos". Actúan como estimulantes sin los efectos secundarios de la medicación. También reducen la impulsividad y aumentan la concentración.

Evita a toda costa los alimentos procesados, con alto contenido en azúcar y la cafeína. Simplemente aumentan tu hiperactividad, provocando que te vuelvas inquieto. Por la misma razón, evita también los colorantes y conservantes artificiales.

En el caso de un adulto con TDAH, sus patrones alimentarios pueden reflejar su comportamiento general. Por ejemplo, puede ser impulsivo e hiperactivo en la forma de comer, a veces sin comer durante muchas horas y luego darse un atracón de cualquier alimento que vea a su alrededor. Para controlar el TDAH, debes planificar y preparar tus comidas con cuidado para asegurarte de que recibes tantos nutrientes beneficiosos para el TDAH como sea posible. Si te estás matando de hambre sólo para darte atracones de alimentos poco saludables, estás empeorando tus síntomas de TDAH y tu salud emocional y física. Lo mejor es planificar tus comidas igual que planificas otras tareas de tu vida. De este modo, te asegurarás de ingerir suficientes nutrientes a intervalos regulares.

Resumen del capítulo

- El TDAH puede hacerte la vida muy difícil cuando no se trata.

- El TDAH, cuando no se controla o no se trata, también puede perjudicar considerablemente a las personas que te rodean y causarles graves problemas.

- Hacer ejercicio con regularidad es una buena forma de controlar los síntomas del TDAH.

- El ejercicio regular mejora el estado de ánimo, la memoria, la concentración y la motivación.

- Para dormir mejor, practica yoga y meditación una hora antes de acostarte cada día.

- Se ha demostrado que ciertos alimentos disminuyen los síntomas negativos del TDAH.

CAPÍTULO SEIS: ESTRATEGIAS ALTERNATIVAS Y DE AUTOAYUDA PARA EL MANEJO DEL TDA/H EN ADULTOS

Además de los tratamientos médicos, puedes beneficiarte de estrategias de autoayuda y alternativas para controlar tu TDAH de adulto.

Terapia hortícola/jardinería

Se ha demostrado científicamente que la jardinería y la terapia hortícola aumentan la concentración, calman la mente y mejoran la salud emocional, física y mental.

Si no puedes tener un jardín, quizá por problemas de espacio o movilidad, puedes plantar algunos cultivos por la casa, en perchas y macetas colocadas en alféizares y mesas. Esto seguirá produciendo los mismos efectos que la jardinería. Recuerde que la terapia hortícola no significa sólo cultivar y cuidar plantas. También significa estar entre plantas e incluso animales y naturaleza. Visitar una granja o sentarse en la playa cerca de los árboles para oír la brisa del mar producen el mismo efecto tranquilizador.

Meditación consciente y yoga

Se ha demostrado que la meditación consciente regular y los ejercicios que promueven la atención plena y la relajación, como el yoga, ayudan a despejar la mente de ocupaciones innecesarias, estrés e hiperactividad. Estas técnicas te ayudan a activar la respuesta natural de relajación de tu cuerpo y a revertir el efecto del estrés que tu TDAH puede tener sobre ti. Asimismo, reducen los síntomas de ansiedad y depresión.

También son igual de beneficiosas otras formas de ejercicio y estiramientos que permiten la atención plena y la relajación, como el tai chi y ejercicios rítmicos como bailar, correr y nadar. Por último, puedes darte automasajes con regularidad para activar la respuesta de relajación en tu cuerpo. Las estrategias de autoayuda, aunque eficaces, funcionan mejor cuando se combinan con medicación, por lo que no se debe confiar únicamente en las técnicas de control del TDAH como tratamiento.

Terapia

Puedes acudir a un psicólogo especializado en TDAH para recibir terapia cognitivo-conductual. La terapia cognitivo-conductual es una terapia que busca cambiar tus patrones cognitivos, emocionales y conductuales para proporcionarte una mejor salud y una vida más feliz. Los profesionales de la salud mental están altamente capacitados para ayudarte a aprender nuevas habilidades que te ayuden a sobrellevar tus síntomas y a cambiar los hábitos que te están causando problemas.

Los adultos con TDAH a menudo luchan con problemas emocionales y psicológicos y con el dolor causado por sus síntomas. Por ejemplo, los patrones de dificultades académicas y profesionales y el bajo rendimiento, el fracaso, la alta rotación laboral y los conflictos en las relaciones son comunes entre las personas con TDAH. Estos problemas pueden causar baja autoestima, vergüenza, resentimiento y un sentimiento de "indignidad" desarrollado tras años de críticas por parte de los seres queridos. Acudir a terapia puede ayudarle a hablar de este dolor y a aprender estrategias alternativas para afrontarlo. También puede buscar asesoramiento y terapia matrimonial y familiar si su TDAH le está causando problemas importantes en su matrimonio y/o en sus relaciones familiares.

Organizadores profesionales

Si su TDAH le hace perder tiempo en la vida debido a su desorganización, puede contratar a un organizador profesional para que le ayude a gestionar esta área de su vida. Un organizador profesional le ayudará a desarrollar un sistema de organización eficiente tanto en casa (y en su vida personal) como en el lugar de trabajo. También le enseñarán a gestionar su tiempo y a organizar su vida de forma eficiente utilizando métodos adaptados al TDAH.

Resumen del capítulo

- Se ha demostrado científicamente que la jardinería y la terapia hortícola mejoran los síntomas del TDAH.

- La meditación de atención plena y los ejercicios que promueven la atención plena son beneficiosos para mejorar los síntomas del TDAH.

- Puedes acudir a un psicólogo especializado en TDAH para que te ayude a hablar de cómo el TDAH afecta a tu vida y te ayude a desarrollar estrategias que te ayuden a controlar los síntomas.

PALABRAS FINALES

¡Felicidades! ¡Lo ha conseguido! Con la lectura de este libro has dado un gran primer paso hacia la curación de por vida.

Aunque puede ser un desafío tener TDAH en adultos, ahora tiene más información sobre cómo se diagnostica el TDAH y qué métodos de tratamiento le gustaría seguir. Ahora debería tener una comprensión sólida de las opciones de tratamiento disponibles (tanto médicas como tradicionales) y sentirse bien versado en cómo se puede manejar el TDAH en adultos. Por último, ahora dispone de estrategias alternativas y de autoayuda para controlar el TDAH, incluidos datos clave sobre psicología nutricional y cómo la dieta puede reducir los síntomas de forma natural.

Recuerda consultar siempre con un profesional para recibir un diagnóstico oficial antes de iniciar cualquier plan de tratamiento. Recuerda también que tener TDAH no es malo, sólo significa que tu cerebro está conectado de forma diferente a la mayoría. Por último, gracias por tomarte el tiempo de leer este libro. Espero que te haya resuelto algunas dudas y te haya aclarado el camino a seguir.